귀현리에서 관동리로

고영조 시집

도서출판 경남

귀현리에서 관동리로

| 自序 |

나의 詩 나의 생각

시 안 쓰고 6년 가까이 딴 짓 하고 놀았다. 어느 날 갑자기 시가 공허해졌다.
　시만 공허해진 것이 아니라 삶도 공허해졌다.
　문득 모든 게 재미없고 시들해졌다.
　이 공허로부터 도망치려고 딴전을 벌여놓고 그 일에 미쳤다. 그게 소리였다. 오랜 세월을 같이해 온 소리였다.

　수천 장의 LP판을 이리저리 옮겨놓고 턴테이블을 다시 바꾸고 커다란 저음 스피커도 들이고 그것도 모자라 아예 스스로 연주하자! 내 소리 내 손이 보배라는 생각으로 독일산 로즈우드 수제 기타를 사서 몇 년을 죽을 쳤다.

　그러나 시 안 쓰고 놀면서 무엇보다 하고 싶은 일을 한 가지

이 시집 『귀현리에서 관동리로』도 고향 귀현리에 대한 편린과 관동리의 아름다운 풍경을 그냥 있는 그대로 쓴 것이다. 아무것도 말하려고도 하지 않고 그냥 썼다.

하긴 했다.

독일 리트에 미쳤던 때의 감동을 잊을 수 없어 〈겨울 나그네〉 같은 연가곡집을 흉내 내어 만든 것이다. 오랜 시간 열정과 정성을 쏟은 작품이었다.

고향의 전설을 발굴해서 내가 시를 쓰고 진규영 교수가 곡을 붙여서 명성황후 역을 맡았던 메조소프라노 이태원과 테너 최승원의 목소리로 연가곡집 마스터 음반을 만들었다.

녹음한다고 교향악단과 합창단, 소년소녀 합창단까지 모두 애를 쓴 작품이었다. 그리고 또 어떻게 무대에 올릴 것인가를 생각하며 지금도 돈 쓸 궁리만 하고 있다. 기가 막힌 일이다.

그게 모두 5년쯤 걸렸다. 생각하면 모르고 덤벼서 한 일이지 알고는 함부로 할 수 있는 일은 아니었다. 그만큼 힘도 들고 비용도 많이 들고 시간도 많이 걸리는 그런 일이었다.

그런데 돌아보니 시 안 쓰고 펑펑 논 것만이 아니라 시를 다른 방법으로 응용하며 논 것이다. 시를 종이나 컴퓨터에 쓰지 않고 음악이란 수단을 빌어 신나게 허공에 쓰고 큰 소리로 읽고 낭송하며 논 것이다.

그렇게 염치없고 오지랖 넓은 세월을 보내고 집 떠난 탕아처럼 후줄근해져서 고개 숙이고 돌아왔다. 어쩔 수 없는 미운 내 사랑 문학 판으로 돌아온 것이다.

놀다보니 한 가지 깨달은 게 있다.
내 시에 속지 말라!고 말할 수 있게 된 것이다.

또 시가 이래야 된다고 어쭙잖게 고집 피우고 우기지도 않게 됐다는 것이다.

허황된 수사, 허황된 비유, 새가 언제나 희망인 상징, 바다가 언제나 어머니인 상징 이 죽은 말들을 이제는 자유롭게 돌려보내자는 생각도 하게 된 것이다.
〈그냥! 있는 그대로!〉 허세 부리지 않고 쓰자는 게 이즈음 생각이다.

이 시집 『귀현리에서 관동리로』도 고향 귀현리에 대한 편린과 관동리의 아름다운 풍경을 그냥 있는 그대로 쓴 것이다. 아무것도 말하려고도 하지 않고 그냥 썼다.

다만 내 시가 곧 시 그 자체이기만을 바랄 뿐이다.

| 차 | 례 |

■ 自序 • 4

1.

자운영 • *14*
저녁 별 • *15*
강과 기차 • *16*
상 징 • *17*
하 산 • *18*
개나리꽃 • *19*
밭일기 · 2 • *20*
새 · 3 • *21*
휴 일 • *22*
풍 경 • *23*
새 벽 • *24*
감나무 한 그루 • *25*

2.

나무늘보 • 28

쓰르라미 • 29

문장수업 · 2 • 30

논병아리 • 32

리히텐슈타인 • 33

매 미 • 34

매미충 • 35

산길에서 • 36

새 · 2 • 37

설피雪皮 • 38

아무 고통도 없이 • 39

아무 생각 없이 • 40

적敵 • 41

능내에서 덕소까지 • 42

3.

한 걸음 • 44
흔 적 • 45
함박눈 • 46
그림자 • 47
투명하여 너무도 투명하여 • 48
복사꽃 • 49
밭일기 · 1 • 50
물총새 • 51
해오라기 • 52
겨울 나그네 • 53
늑대산악회 • 54
빛 • 56
막걸리 • 57
인 연 • 58

4.

1951년 • *60*

형 님 • *61*

붉은노을 • *62*

김순광 박사 • *63*

친 구 • *64*

뜨거운 상징 • *65*

수 박 • *66*

폐광 이야기 • *67*

웅남호 • *68*

존 웨인 • *69*

문득! • *70*

꼬시락 • *71*

고갯길 • *72*

고백 · 1 • *73*

고백 · 2 • *74*

고백 · 3 • *75*

5.

경 전 • *78*
보리밭 • *79*
능 금 • *80*
가을하늘 • *81*
산 • *82*
새와 길 • *83*
들 불 • *84*
느티나무 • *85*
봄 밤 • *86*
독락당 • *87*
꽁꽁쩡쩡 • *88*
노 래 • *89*
봄 날 • *90*
밭일기 · 3 • *91*

1.

자운영

이맘때는
화개장터 가는 길
자운영 꽃밭으로 가서
꽃잎에 새털구름
얼비치듯
아름답게 섞이고 싶다
붉은 구름이불 덮고
몸과 몸을 부딪치며
살과 살을
섞고 싶다
봄날 들판에 어지러이
가슴 풀어헤친 꽃밭들
뜨거운 몸 위에
얼굴을 묻고
누군가 누구였던가
목마른 가슴 안고
온몸을
붉게 물들이고 싶다.

저녁 별

어두워지면
관동리 새들은

깊은 산속으로 날아가고

또 그 산은
새들을 품어 안고

노을 진 하늘로
날아간다

산이 날아간 그 자리에

굴암산 그림자를 밟고

총총히
저녁 별이 뜨고 있다.

강과 기차

매화가 만개한
원동초등학교 언덕에서 보면
강이 아주 잘 보인다
삼랑진에서 몸을 한번 풀고
흘러온 강은
원동역 앞에서 더 넓고 깊어진다
강을 따라 흘러가는
기차도 잘 보인다
나는 기차가 지나갈 때마다
기차다!
기차가 지나간다! 라고
짧게 쓴다
강을 따라 기차가 지나간다! 라고
고쳐 쓰기도 한다
강이 깊어지고
노을이 깊어지면
강과 기차가 모두 잘 보인다
흘러가는 것들이 점점 잘 보인다.

상 징

눈 내리면
모든 상징들이 깨끗이
사라진다
언제부터인가 세상은
죽은 상징들로 가득 차 있다
이제는 어떤 상징도
어떤 사물을 상징할 수 없다
눈이 그것을 깨끗이
지웠기 때문이다
쌓인 눈을 바라보며
상징 없는 마음을
상징 없는 시를 쓸 수 있는
바로 이 순간
바로 이때가
우리에게
마침내 온 것이다!

하 산

감나무 밭을 지나

교회가 있다

교회 뒤뜰을 돌아가면

산으로 가는 길이 있다

사람들은 모두 이 길로

산에 오른다

하산은

산 너머 저쪽

한 번도 간 적 없는

저쪽!

개나리꽃

새노래천 방죽의
개나리꽃

한 쪽 가지는
시냇물 쪽으로

한 쪽 가지는
길 쪽으로
늘어져 있다

누가 오는지
누가 가는지

하루 종일
목을 길게 빼고
내다보고 있다

길도 무겁고
물도 무겁다.

밭일기 · 2

아내는 밭과 논다
하루 종일 아욱 상추하고 논다
고추 오이하고 논다
애들아 많이 먹으렴!
새노래천 맑은 시냇물 한 통
아침 햇살 아래서
깔깔 함께 논다
이 생생한 목숨들과
씨름하며 진종일 논다
아내는 제대로 논다
아무 조건 없이
사랑하고 사랑하며 논다
제대로 노는 것도
연륜이 쌓여야 논다
누가 뭐래도
아내는 밭이 즐거워
하루 종일
밭과 함께 논다.

새 · 3

꽁지가 하얀
새
한 마리

꽁꽁 언 얼음 위에
앉아 있다

부리도
발가락도
빨갛다

바라보는 마음도

빨갛다.

휴 일

도심 아파트 공사장

열한 개의 공중 크레인

허공을 가로질러
멈춰 있다

그중 하나에는

까마귀들이 한 줄로 앉아 있고

또 하나에는

구름 한 조각
걸려 있다

어디서
낮잠이나 한숨 자야겠다.

풍 경

폐교 교정
아이들이 매달리던 철봉에
아기메꽃 송이송이 매달려 있다
바람에 이리저리 흔들리며
놀고 있다
만국기 펄럭이던 운동장에는
개망초 쑥부쟁이
새끼염소들
저마다 놀고 있다
노는 기쁨
노는 즐거움
아이들 모두 떠난 자리에
덩굴 풀들 막무가내로
기어가고 있다
아름답게
맨발로
놀고 있다.

새 벽

금창농원의 닭이 운다

그리고 새벽이 온다

새벽이 오고

금창농원의 닭이 운다

여명을 밟으며

내 안으로 간다

세상의 바깥까지

홀로 간다

어제를 지나

캄캄한 오늘로 간다.

감나무 한 그루

관동리 관동정사
뒤뜰의 무덤
그 사이
늙은 감나무 한 그루
붉은 감 그득 품어 안은 가지를
한쪽은 무덤에
한쪽은 관동정사에
한쪽은 그림자에
한쪽은 그림자의 집에
드리우고 있다
땅에 닿을 듯 낮게
감나무의 몸이
열려 있다
내 몸의 어디가 열리는지
때는 늦은 가을
문득 가던 길 멈추며.

2.

나무늘보

텔레비전에서
나무늘보가
이 가지에서 저 가지로
천천히 몸을 옮기는 동안
양팔에 쇠 지팡이를 한 남자가
아주 천천히
병원 복도를 오가며
싱긋 웃는다
싱긋이 라니!
이쪽에서 저쪽으로
스스로 제 몸을 싣고 가는
저 큰 기쁨!
천천히
아주 조금씩
움직인다는 그것만으로도
더없이 행복한!

쓰르라미

커다란 느티나무 그늘에

흰 구름 보며 누웠다

가지 끝에서

쓰르라미들 목청껏 운다

쓰르쓰르쓰르르ㄹㄹ

동구 밖까지

시냇물 소리 들린다

니가 가고

벌써 달포가 지났다.

문장수업 · 2

우리 동네 생선 장수

"싱싱한 갈치 사이소!"
봉고 트럭에서 왕왕거린다
얼마나 싱싱하냐고?

제주도에서 비행기 타고
방금 도착한 갈치
"눈을 떴다 감았다"
"감았다 떴다" 하는 갈치 사라고!

한 개의 명사
두 개의 동사
형용사 없음

오늘 20세기 영미 시
이미지즘 수업 끝!

문하門下 임효식
이 생선 장수 직접 만나
수업 내용 확인함.

논병아리

봉림산 가는 용동저수지
제 어미를 따라 일렬로 헤엄치는
어린 논병아리들
너무 이쁘고 이뻐
방죽에 마음껏 마음 내려놓고
아주 넋 놓고 바라본다
넋이야 있건 없건
방죽에 쪼그리고 보는
저 어린 논병아리들
작은 제 몸으로 저어 만든
동그랗고 둥근 파문들
수면을 가로질러 갈대숲까지
촘촘히 여울져 반짝이는
이 우주적 순간을
도무지 넋 놓지 않고는
무슨 수로 볼 수 있으리.

리히텐슈타인

Let it be!
비틀즈 사진이 커다랗게 웃고 있는
이 선셋카페까지
우리는 먼 동쪽에서 왔고
그들은 포스트버스를 타고 왔고
그들은 라인브릿지를 걸어서 왔고
그들은 유리창이 보이는 길 건너에서
슬리퍼를 끌고 왔다
우리는 오래된 친구같이
짧은 탄성 지르며 포옹하고
몸짓만으로도 즐거워
독일산 흑맥주를 아주 이슥하도록
나누어 마셨다
국경도 초병도 없는
1997. 7. 16 스탬프가 아직도 선명한
작은 우표의 나라
리히텐슈타인.

매 미

굴암산 늙은 떡갈나무 몸뚱이에
배를 붙이고 노래하는 매미들

여름은 얼마나 즐거우냐고

세상의 청맹과니들이여
제 몸의 노예들이여

이 노래 들어보라고
아랫배에 힘주고 운다

지나가던 산들바람
그 노래 더 멀리 울려 퍼지라고

세상의 노예들이여
모두 모두 노래하고 잘 노시라고

떡갈나무 푸른 잎을 슬쩍 슬쩍
들어 올리고 있다.

매미충

방죽을 걸으며
둥둥둥
봄이 오는 소리를
온몸으로 듣는다
매미충의 귀는
발에 있다
한 마리 매미충처럼
언 땅을 두드리며
봄이 오는 소리를
나무들도 긴 뿌리를 내려
발로 듣는다
방죽을 걸으며
봄이 오는 소리를
나도 나무처럼
한 마리 매미충처럼
발로 듣는다.

산길에서

살얼음 밟혀 부서지듯
아직도 나에게
부서질 마음 남아 있다니

그것만으로도
놀랍고 놀랍다

맑은 아침
물오리나무 가지를
반짝이며 오가는 박새들

그 날갯짓에 밟혀
바싹 부서지는 마음
아직도 남아 있다니!

그것만으로도
축복이고
그것만으로도
희망이다.

새 · 2

사랑하고
또 사랑한다면
사람은
그것만으로도 거룩하다
그 거룩함으로
저녁강의 겨울 철새들
보면 어떠리
물닭, 넓적부리, 가창오리들
저 작은 몸으로
수만 리 날아와서
이 땅의 흩어진 밀알을 쪼는
목숨들의 깊고 높음
보면 어떠리
얼어붙은 강 위에서
새와 사람이 함께 투명할지니
한 몸으로 반짝일지니
바로 이 순간에
우리가 다시 사랑한다면
그 사랑 또한
더없이 거룩하지 않으리.

설피雪皮

화면 가득히 쌓인 눈을
설피로 밟고 가는 남자

서로가 서로를 떠받치며
무너뜨리지도
파묻히지도 않고
무중력으로 걷는 남자

몸과 몸이 부딪칠 때
이렇게 새털처럼 가볍게!
부드럽게 속삭이는 남자

새벽 숲에서
첫길을 열며

사랑의 한순간을

설피를 신고
온몸으로 보여주는 남자.

아무 고통도 없이

아무 고통도 없이

꽃이 피고

꽃이 진다

아무 고통도 없이

시간이 흘러가고

아무 고통도 없이

낙엽이 진다

아무 고통도 없는

폐허의 시간이 오고

아무 고통도 없는

폐허의 날들이 온다.

아무 생각 없이

아무 생각 없이
장작이나 한 짐 패고 싶다
아무 생각 없이
밭이랑이나 열 고랑쯤 파고 싶다
아무 생각 없이
물이나 댓 통 긷고 싶다
아무 생각 없이
아무 생각 없이
생각의 생각조차 없이
땀 흘리고
밥 먹고
술 마시고
나무 그늘 아래서
한바탕 꿈이나 꾸고 싶다
봄은 봄이다.

적敵

고등학교 후배 이달균이
"형님은 왜 그리 적이 많소?" 했다

내가 말했다

"야! 눈 뜨고 있는 동안
적은 어딘가 있는 거야" 했다

티격태격 지내온 동갑내기 화가
박종갑이 떠나는 날

"적이 떠나는군!"
누가 말했다

"적이 있어야 나도 있는 거지"

내가 말했다.

능내에서 덕소까지

능내에서 덕소까지
첫눈 하얗게 밟으며
덕소다방
가랑잎 만나러 가던 날
몸도 마음도 너무 뜨거워
내리는 눈 녹고 또 녹아
모자에서 군화까지
한없이 젖던 날
그 스물한 살의 토요일
이등병 계급장으로
기찻길을 우쭐거리며 걷던 오후
다방 여종업원을 가랑잎이라 부르며
눈에 불을 켜던 졸병들
그 사랑 그 마음
그 만용들
이제는 다 어디 갔을까
능내에서 덕소까지
아득한 옛길 지나며
돌아보고 또 돌아본다.

3.

한 걸음*

1959년 티벳에서 팔순이 넘는 노스님이 중국 침략을 피해 히말라야를 넘어 인도에 왔다 사람들이 놀라 물었다 어떻게 아무 장비도 없이 맨몸으로 그 험준한 히말라야를 넘어서 왔느냐고!

스님이 말했다

"한 걸음"

"한 걸음"

"걸어서 왔지".

*구전되는 이야기를 인용 시로 바꿈.

흔적

　동트는 새벽 강가에서 밤새 강물이 제 몸을 끌고 간 것을 보았다. 돌아보지 않고 묵묵히 제 몸을 끌고 간 그림자를 비탈진 강바닥에서 보았다. 종종걸음으로 건너간 새들의 풀잎 같은 발자국, 메꽃들이 온몸으로 밀고 간 조그만 시간의 발자국들을 보았다. 밤새 고요히 딛고 간 새털 같은 마음의 흔적들을 보았다.

함박눈

　밤새 함박눈이 내렸다 쥐똥나무와 개동백 명자나무 울타리를 하얗게 덮고 있다 그들이 어디에 있었는지 아무도 모르게 이름들이 깨끗이 지워져 있다 늘 가던 길도 감쪽같이 사라지고 다만 강물만 홀로 깨어 흘러가고 있다 오래전에 이름 없는 나무와 이름 없는 풀들이 있었다 이름 없는 그것들이 아름답다 이름 대신 몸으로 봐야 눈도 보인다 그 눈을 홀로 보는 새벽이야말로 축복이다.

그림자

　사람이 떠나면 그 자리에 그림자만 남는다 언제나 그렇다 다시는 볼 수도 만질 수도 없지만 그는 내 속에 구멍을 파고 들어앉는다 쫓아낼 수도 없다 평생을 함께 자고 함께 깨어난다 어느 때는 불쑥불쑥 자라나서 온몸을 자기의 그림자로 덮기도 한다 눈물이 되거나 기쁨이 되기도 한다 그리움이란 이름으로 증오란 이름으로 부둥켜안고 홀로 끙끙거리며 산다 세월이 가도 잊을 수도 잊히지도 않는 그림자들로 나는 꽉 차 있다 가슴 아픈 일이지만 떠나지 않고 헤어지지 않고 어찌다 함께 갈 수 있겠는가 하물며 무거운 몸들을 이고 지고 어떻게 그 먼 길을 갈 수 있겠는가.

투명하여 너무도 투명하여

　관동리에 이사 와서 맑은 시냇물하고 파라미하고 놀고 있다 물도 피라미도 너무 투명하여 덩달아 나도 투명하다 방죽을 따라 걷는 사람들도 모두 투명하여 온 동네가 다 투명하다 시냇물 따라 핀 꽃들도 투명하여 서로가 서로를 금세 알아본다 나무는 나무를 꽃은 꽃을 사람은 사람을 멀리서도 알아본다 이사 온 후부터 나도 내가 아주 잘 보인다 투명하여 너무도 투명하여 이제는 아무 병도 없다.

복사꽃

 안씨 고가古家 늙은 복숭아나무 가지마다 분홍 꽃 자욱하게 피워 놓았습니다 그 집 개 바우가 아까부터 코를 킁킁거리며 꽃나무 주위를 빙빙 돌다가, 목을 길게 빼고 올려보다가, 지치고 아주 심심해서 복사꽃 그늘에 눈을 반쯤 감은 채 졸고 있습니다 바우는 지금 꼬리를 흔들며 복사꽃 지천으로 핀 길을 따라 도원으로 가고 있는 중입니다 바우의 온몸에서 복사꽃 향기가 안개처럼 피어나고 있습니다.

밭일기 · 1

　서툰 농사꾼 아내는 사위에게도 주지 않는다는 새순 돋은 부추를 정성스레 다듬어 새아기 편으로 사돈댁에 보냈습니다 그런데 지나보니 그게 모두 뿌리가 하얀 실파였습니다 그러나 사돈께서는 귀한 부추를 아주 잘 먹었다고 새아기에게 전언했습니다 우리 부부만 아는 비밀을 사돈께서는 아마 모르실 것입니다 아시더라도 끝까지 모르시는 체 부추만 먹었다고 말씀하실 것입니다 참으로 고마우신 분들입니다.

물총새

　　물총새를 봤다! 관동리 새노래천 갯버들 가지에서 맑은 시냇물에 헤엄치는 피라미 떼를 향해 몸을 날리는 물총새를 봤다 내 고향 귀현리에서 고무줄 새총으로 살금살금 뒤를 밟던 녀석을 아차 놓친 후 오십 수년 만에 오늘 딱 만난 것이다 진초록 재킷에 길쭉한 부리를 가진 이 녀석을 그동안 어디서 어떻게 살았는지 반갑고 놀란 입을 다물 수 없다 죽지 않고 사라지지 않고 도시의 변두리에서 오늘 내 동무로 얼씨구나! 다시 만났다.

해오라기

　해오라기란 놈이 찬 시냇물에 발을 담그고 꼼짝 않고 서 있다 막 겨울잠에서 깨어나는 피라미를 잡으려고 날마다 그곳 그 자리에서 부리를 겨누고 있다 해질녘 대밭에서 고무총으로 비둘기를 겨누던 소년처럼 미동도 없이 서 있다 그리고 순간에! 피라미를 콕 찍어 올린다 그 솜씨가 서부영화의 노련한 총잡이 같아 한참을 보고 있다 모든 것들이 제 모습으로 살아 있다 늦었지만 이곳으로 이사 오길 잘했다.

겨울 나그네

한스 호터의 '겨울 나그네'를 들으며 이제는 낡은 내 집을 고쳐야 할 때라고 생각한다. 모든 장식들 떼어 내고 모든 색깔들 지우고 보리수 한 그루를 우물가에 심어야 한다고 생각한다. 보리수 아래 늙은 성자처럼 시 한 줄 거듭거듭 읽으며 세상이 환해질 때까지 낮은 목소리로 노래하는 단순하고 착한 사내가 되리라 생각한다.

"눈아 너는 나의 그리움을 알지?
 내 흘린 눈물 따라가면
 거기가 내 사랑의 집이리."*

이제는 정녕! 아무 장식도 없는.

*슈베르트 《겨울 나그네》 중에서 〈넘쳐흐르는 눈물〉 인용.

늑대산악회

　　90년대 중반 내가 괘씸죄로 좌천돼서 울산사무소로 전근 갔더니 거기 일군의 사단을 거느린 문화일보 기자 정일근이 있었다 그가 대뜸 "행님 오셔서 외로울 테니까 늑대산악회 고문으로 오이소" 했다 그리고는 울산에서의 파란만장한 역사가 시작됐다 이 늑대산악회란 것이 달 뜨면 어디든 간다는 것이 회칙이다 여기에는 월간지 『사람과 山』을 만드는 신영철을 필두로 2, 30대의 짱짱한 사내들이 달밤이면 모여서 술 마시고 고담준론하는 자칭 호연지기 모임이었다 내가 이들의 배려로 보름날 운문사 새벽 범종소리 듣기 감은사지 만파식적제 밤샘 술 마시기 동해안 정자동의 파도소리 듣기 등 재직 동안 달 뜨는 밤을 하루도 그냥 보낸 적이 없었다 이 늑대들이 상현달 뜰 때부터 내 직장을 들락거리며 행님 가입시더! 하는 통에 이쪽 저쪽에서 미운털이 꽉 박혔다 이 늑대산악회에서 늑대처럼 우우! 몰려다닌 것을 끝으로 나는 20년 가까이 다니던 직장을 떠났다 우리 집에는 네 번째 시집 『고요한 숲』 출간 기념으로 늑대산악회가 준 "행님의 시는 여백의

미~~" 어쩌고 하는 기념패가 있는데 다른 패는 다 버려도 이것만은 아직도 가지고 있다.

빚

　루브르 박물관 앞에서 어린 집시 소녀가 지갑을 슬쩍해 빈털터리가 되었을 때 송수권형이 미라보다리 어디쯤 '어이 나 좀 봄세' 구석으로 끌고 가 꼬깃꼬깃한 백 불짜리 한 장을 '나누어 씀세 잉' 하며 다짜고짜 내 손에 꽉 쥐어 주었다. 지나가던 처녀들이 무슨 일인가 놀란 듯 쳐다보고 센 강은 '응 그려!' 알았다는 듯 고개를 주억거리며 흘러갔다 낯선 땅 파리에서 갚을 수 없는 빚을 진 것이다 대시인 아폴리네르가 지켜보는 가운데.

막걸리

　내가 가진 한 장의 사진 1976년 진해 군항제 백일장을 열었던 진해여고 운동장 뒷줄에는 황선하 선생과 정진업 시인 유택렬 화백과 최운 선생 앞줄에는 방창갑 시인이 엉거주춤 쪼그리고 있고 그 옆에 서른 살의 내가 왼쪽 무릎을 세우고 앉아 있다 이 사진을 찍자마자 방창갑 형이 "선생님 요 쪼꼼 밑에 대폿집 막걸리 한잔 쭈욱!" 하며 목을 뒤로 젖히며 시늉을 했다 "아 그럼 그럼!" 그래서 아침부터 대폿집 평상에서 진을 치고 어둑할 때까지 막걸리를 마시는 것이다 벚꽃 잎이 날리면 애들처럼 어쩔 줄 모르고 신이 나서 마시다가 드디어 창갑 형이 "영조야 내 업고 가자아!" 하고 벌렁 드러누우면 "야아 좋다! 흑백* 가서 커피 한잔 묵자!" 하고 막이 내리는 것이다 이제는 이분들 모두 떠나시고 나만 남았다 벌써 삼십 년이 지난 이야기다.

*1955년에 문을 연 클래식 음악다방.

인연

　1971년 봄 김춘수 선생님이 대구 만촌동에 사실 때 처음 뵈었다 선생님 댁은 무슨 군부대인가 철조망이 길게 쳐진 비탈길을 지나야 했다 생판 모르는 촌놈이 다짜고짜 들어서서 인사를 꾸벅하고 원고 뭉치를 들이댔다 선생님은 조그만 원탁 앞에 앉아 한참 읽으시더니 "이미지를……. 조금 더……." 하시고는 그것으로 끝이었다 그리고 1976년 가을 진해문학 강연회에 모셨더니 동행한 강신석 화백의 파이프를 가리키며 "내 파이프에는 시칠리아의 파도 소리가 들린다. 파이프는 장미 뿌리를 바닷물에 오래 담가 뒀다가 만든다. 그러니 시적 상상력으로 파도 소리가 들리는 것"이 아니겠느냐고 하셨다 그 후 한국시인협회 세미나에 가서 뵈었더니 "안개꽃인가…… 그 시 이미지가 좋아요!" 하시며 내 손을 꼭 잡아 주셨다 그때나 저때나 여전히 손을 조금 떨고 계셨다 마지막으로 영면하시고 통영문인협회에서 모신 빈소에서 선생님의 시 「처용단장·1」을 목메어 읽었다 그리고 세상에서의 만남은 모두 끝났다 짧지만 선생님은 나와 내 시에서 참으로 큰 스승이며 소중한 인연이었다.

4.

1951년

　울 아베 포탄 맞고 누운 대구육군병원 근처 간이시장, 목판 위에 시커먼 보리밥 자꾸 흘러내려, 그것을 자꾸자꾸 쓸어 담으며 훌쩍거리던 스물네 살 울 어메, 무너지는 가슴 알 길 없어 배고프다고 시장 바닥이 떠내려가도록 고래고래 울어대던 한 소년이 있었다고.

형 님

　고종사촌 박필봉 형님은 든든한 나의 빽이었다 통학선을 기다리며 주린 배를 부둥켜안고 있을 때 고등학생 형님은 어른스럽게 자기 먹을 빵 봉지나 떡 봉지를 슬쩍 쥐어주곤 했다 그는 언제나 나에게 뜨거운 사랑을 아낌없이 베풀어 주던 든든한 형님이었고 배경이었고 그림자였다 그 형님 칠순이 다 되어 이제 눈 어둡다고 홀몸으로 병원 가는 일 잦으시다니 멀리서 마음만 아프다 나는 그런 형님을 위해 아무 한 일 없이 갑년을 넘어 못나고 부끄럽게 형님과 같이 늙고 있는 중이다.

붉은노을

　내가 이름지어준 선상카페 '붉은노을'에 가서 한나절 하늘소파에서 놀았다 붉은 카펫을 타고 푸른 하늘에서 포도주에 취해 인사불성으로 놀았다 한 남자가 한 여자를 껴안고 날아가는 하늘을 이리저리 뒹굴며 노을하고 놀았다 귀현리는 없어져도 그때 그 노을은 아직도 밤밭고개 위에 붉은 말들을 달리며 놀고 있다 나는 국방색 반바지를 입은 소년과 함께 하늘소파에서 나무팽이를 치며 한나절 철 모르고 놀았다 그동안 노을도 놀고 나도 구름을 타고 밥 잘 먹고 놀았다.

김순광 박사

　내가 귀현리 이야기를 하면 눈물부터 글썽이는 김순광 박사는 만년 소년이다 그가 가난한 깡촌 삼귀국민학교를 나와 서울대를 졸업하고 영국 셰필드 대학에서 박사학위를 받고 공학자가 되었다는 것은 내 고향의 자랑이다 그런데 그보다 더 큰 자랑은 만년에 아무도 돌아오지 않는 고향에 다시 돌아왔다는 것이다 그리고 무너진 귀현리 근처에 오두막을 짓고 새 둥지를 틀었다는 것이다 밀짚모자를 쓰고 밭을 일구고 담장을 고치면서 산다는 것이다 쓰나미가 쓸어가도 끝까지 끈을 놓지 않고 살고 있다는 것이다 오두막 쪽으로 이물을 대고 있는 작은 배처럼, 고향의 마지막 상징으로 남아 있는 형님.

친 구

촌놈 친구들은 아직도 코흘리개다 만나면 다짜고짜 야. 이 문딩이 자슥아 아즉까지 안죽고 뭐하노? 나는 죽지 않고 살아 있는 게 무슨 죄나 지은 것처럼 뭐라꼬? 뭐락카노? 딴청을 부린다 왜 우리는 만나면 안 죽느냐고 악을 쓰는지 그 말을 듣고도 웃기만 하는지 야 이 문딩이 자슥아! 그럼 니들은 와 안 뒈지고 나만 죽으라고 해? 망할 자슥아! 초등학교 동창회 갔다 오는 길에 차 안에서 혼잣말로 투덜거린다.

뜨거운 상징

　50여 년도 훨씬 전에 이 일자무식 깡촌에 〈양철할망구〉란 상징을 썼다는 것은 참으로 놀랍다 이 욕쟁이 할망구가 떴다 하면 막대기로 양철 지붕을 두드리는 듯 시끄럽다 시끄럽다 못해 온 마을이 불에 덴 것처럼 요란하다 이 양철할망구한테 참외서리하다 뒷덜미를 잡힌 일은 한밤에 도깨비 본 것처럼 소름 끼친다 길바닥에서 발가벗긴 채 오들오들 떨며 온갖 협박과 욕설에 사타구니에 고개를 처박던 순간은 처절했다 〈요노무 새끼들 고쟁이에 대가리를 쳐 박고 눈꾸멍에다 뜨거운 오줌을 콱 싸버릴…….〉 〈요런 쌔가 만 발이나 빠질 놈에 새끼를 대가리를 여물통에…….〉 어쩌고 하며 한나절 내내 양철판을 쇠꼬챙이로 두드리는 듯 온 동네를 들쑤셨다 보리죽으로 겨우 끼니를 면하던 그 시절에 누가 이 할매에게 〈양철할망구〉란 별명을 붙여 그렇게 뜨거운 상징을 만들었을까 생각하면 참 놀라운 일이다.

수 박

    고모네 수박밭 서리를 내가 주도했다 아이들을 몰고 밭으로 들어가려는 순간 달빛 속에서 고모부가 오셨다 흠! 흠! 기침을 하시면서 우리는 밭둑 아래 숨을 죽이고 엎드렸다 고모부께서 천천히 우리 쪽으로 오셨다 그리고 우리를 못 본 체하며 "한 개만 따 묵으라이, 수박 넝쿨일랑 밟지 말고!" 하셨다 놀란 아이들이 후다닥 어둠 속으로 엎어지고 구르며 내달렸다 나는 그 후 오랫동안 고모 집에 가지 않았다 그리고 어쭙잖게 중학생이 되었다.

폐광 이야기

선영 뒷산은 금광이다 산 하나가 사방으로 뚫려 있다고 했다 1882년 일본인 〈미끼〉인가 하는 사람이 채광권을 얻어 그 속에서 수십 년 동안 나랏돈을 훔쳐 간 곳이라고도 했다 힘없는 귀현리 남정네들은 산을 파고 여자들은 쇠망치로 돌을 깼다고 했다 집으로 돌아올 땐 온몸을 더듬어 무명 저고리에 숨긴 금돌을 찾아내어 치도곤을 쳤다고 했다 그들이 떠나고 내가 어릴 때까지 마을 사람들은 버려진 막장에서 폐석을 깨고 바닷가의 모래 속에서 사금을 일었다 그러나 그 속에서 금을 캤다는 사람은 없었다 다만 해방이 되자 쫓겨 가던 왜놈들이 금괴를 합포만 어딘가에 감춰 놓고 갔다는 소문만 무성했다 그 이야기를 들은 뒤부터 나는 파도가 밀려올 때마다 금괴들이 부딪치는 달그락거리는 금빛 소리를 듣고 또 들었다 그리고 아침 햇살을 받으면 바다가 황금빛으로 번쩍거리는 것도 보았다 그러나 끝내 아무에게도 말하지 않았다.

웅남호

웅남호는 마산 어시장 부두에서 귀현, 귀곡, 귀산을 오가는 연락선이자 통학선이었다 이른바 〈야끼다마〉라고 하는 소형 발동기를 동력으로 한 조그만 통통배였다 이 배가 우리의 핏줄이었다 배가 오는 날은 바지락을 팔러 장에도 가고 학교도 간다 배가 안 오면 우리는 방학이고 결석이다 이 배는 걸핏하면 고장 나서 바다 위에 둥둥 떠 있기 일쑤다 그러면 우리는 푸른 바다에 종이배를 띄우고 바지락은 뜨거운 햇볕 아래서 마지막 입을 벌렸다 "지각대장뱃놈" 중학교 때 얻은 이 별명도 모두 웅남호 덕분이다 오전 수업이 끝날 때쯤 고개를 숙이고 교실에 들어서면 아이들이 와아! 하고 손뼉을 친다 나는 그때마다 웅남호가 아주 부서져 버렸으면 했다 학교는 내가 갈 곳이 아니었다 졸업 앨범에도 나는 없다 앨범사진 찍는 날도 보란 듯이 고장 났다 웅남호는 우리의 걱정 따윈 알 바 아니었다 오늘도 고장 나고 내일도 고장 났다 1960년대 초 겨우 돛단배 시절을 막 벗어나던 고달픈 시절의 통학선 웅남호 그마저도 귀현리가 파헤쳐 질 때 함께 폐선되고 말았다.

존 웨인*

　7촌 아제 인수는 끝내 귀대歸隊하지 않았다 고갯마루에서 진달래꽃을 한 아름 꺾어 가던 길을 되돌아왔다 그리고 진달래꽃을 머리맡에 고이 둔 채 눈을 감았다 꽃이 채 시들기도 전에 아무도 몰래 우리 곁을 떠났다 동구 밖으로 가는 길 위에 붉은 진달래 꽃잎을 흩날리며 떠났다 그는 고향 귀현리의 최고 총잡이였다 언제나 아이들의 우상이었다 그의 새총 솜씨는 최고였다 탱자나무 덤불 속의 참새들은 그의 발자국 소리만 들어도 공중으로 후드득 흩어졌다 그는 날아가는 새도 맞혔다 나는 방앗간 옆 동사 마루에 앉아 그의 마지막 모습을 보았다 "아제야 와 도로 오노?" 그는 싱긋 웃었다 그리고 그뿐이었다 한 살 위의 그는 동무이자 아재비였다 그는 열여덟 살의 용감한 해병이었다. 그는 귀현리의 존 웨인이었다.

*1939년에 제작된 서부 영화 〈역마차〉의 주인공으로 스타덤에 오른 미국 배우.

문득!

　　마창대교 공사가 한창인 고향 귀현리에 와서 문득! 뒤돌아본다 무너지는 것이 고향만이 아니다 산도 무너지고 바다도 무너진다 오래 전에 메워진 폐광 근처에 서서 문득! 뒤돌아본다 진종일 바다에서 떠돌던 알몸의 아이들도 무너지고 추억도 무너진다 무너지고 무너진 그 폐허 위에 거대한 콘크리트 다리 마창대교가 세워진다.

꼬시락*

　꼬시락을 낚아본 아이들은 안다 꼬시락이 얼마나 멋진 물고기인지 얼마나 아이들을 좋아하고 장난을 좋아하는 물고기인지 갯가 촌놈들은 안다 막대기에 바늘도 없는 미끼를 덥석 물고 물 위로 올라오다 아이들 얼굴을 빤히 쳐다보고는 큰 입을 쩍 벌려 미끼를 슬쩍 놓는다 그리고 아이들이 심심해 할 때쯤 언제 그랬냐는 듯 미끼를 다시 꿀꺽 삼킨다 놀라서 멀리 도망가거나 겁내는 일도 없다 언제나 손이 닿을 듯 말 듯한 바위틈이나 썰물 빠진 웅덩이에서 미끼를 던져줄 악동들을 기다리고 있다 우리는 통학선 웅남호를 기다리며 선창의 바위틈을 유유히 헤엄치는 꼬시락하고 노느라 어른들이 소리칠 때까지 통학선이 언제 왔는지도 모른다 한때 아이들이 꼬시락을 건망증에 바보물고기라고 우습게 봤다 그리고 귀현리가 없어지고 오랜 세월이 지나서야 꼬시락이 우리의 그리운 소꿉동무라는 것도 알게 되었다.

＊꼬시락 : 망둥이의 경상도 방언.

고갯길

　우리 할배 웅남장에 소 팔러 가실 때 송아지 팔지 말라고 울며 떼쓰는 나에게 "울지 말고 있거라 송아지 팔아서 자전거 사줄게" 하셨다 그러나 할배는 여우가 나온다던 밤이 돼도 안 오시더니 한밤중에 나를 깨워 고갯길 가리키며 "저기 고개에서 할배가 탁! 넘어져 자전거가 그만 산 아래로 굴러갔다 그 자전거 찾느라고 이제 왔다"고 은근히 말씀하셨다 나는 "할배야 우짜노? 낮에 자전거 찾으러 산에 가보자"며 발을 굴렀다 그날 할아버지가 가리키시던 고갯길은 달빛이 억수같이 쏟아지고 있었다 마당에도 달빛이 허옇게 버석거렸다 나는 그 후 할아버지의 잃어버린 자전거가 고갯길에서 산 아래로 아래로 굴러오는 꿈을 날마다 꾸었다 그리고 가난한 유년이 흘러갔다.

고백 · 1

    내 고향 귀현리 양곡 고개에서 선창까지 직선도로 3.2km 자동차로 천천히 2분도 안 걸리는 길을 봄볕 속에서 한나절 걸려 왔다 고개 넘어 시냇물 건너고 징검다리 건너 고시랑길 걸으며 아무도 기다리지 않는 하교길을 혼자 빈둥거리며 왔다 나비하고 놀고 풀꽃하고 놀고 잠자리 소금쟁이하고 놀고 어둑할 때야 집에 왔다 나무 하러 가기 싫어 꼴 베러 가기 싫어 논둑길에서 밭둑길에서 마음 놓고 놀았다 모두가 다 내 동무였다 나는 사춘기 내내 그들과 은밀히 내통하고 있었다 아버지 몰래 감쪽같이.

고백 · 2

맨치로

　맨치로는 내가 우리 집 송아지에게 붙여준 이름이다 어미는 젖 떼자마자 팔려가고 날마다 풀 뜯으러 갈 때 엄메 엄메 울어 나처럼 외롭다고 나와 같다는 뜻으로 맨치로라고 이름 지어 주었다 학교 갔다 와서 소 먹이러 갈 때 맨치로야 배고파? 맨치로야 밥 먹으러 가자! 하고 말 붙이곤 했다 송아지는 어미가 없어 슬프고 나는 보릿고개 넘는 봄이 싫었다 우리는 날마다 서로의 언덕이 되어 봄날 들판에서 놀았다 맨치로는 풀을 뜯고 나는 고삐를 쥐고 우두커니 서 있기도 했다 맨치로야 마이 묵어라! 마이 묵어라! 중얼거리기도 했다 그러나 그것도 잠시 맨치로는 어느 날 제 어미처럼 팔려가고 봄날 들판에 나만 혼자 덜렁 남았다 내 사랑 맨치로야 안녕! 눈물 펑펑 쏟아지던 봄날이었다.

고백 · 3

가방

　내 사주엔 언제나 가방이 문제였다 더 자세히 말하면 가방끈이 문제였다 3.15의거 때 간호여고 학생회장 내 의누이 양말련이 데모대의 선두에서 함성을 지르며 갈 때 우쭐해서 친구들에게 "저것 봐! 우리 누나다!" 소리치며 줄레줄레 뒤따르는데 누군가에 떠밀려 그만 가방끈이 끊어져 버렸다 그때 나와 내 가방의 운명이 결정적으로 판가름 났다 나는 대열에서 떠밀려 났고 그것마저도 불타는 아궁이에 던져져 재가 되었다 가방도 없이 학교를 뒷문으로 다녔다 그 후 가는 곳마다 나는 가방끈이 짧다고 찬밥을 먹었다 그래서 짧으면 짧은 대로 살자고 기댄 것이 시다 그래서 내 시는 짧다 꾸밈도 없고 직접적이다 오세영 시인은 단단하다고 했다 부딪치고 구르면서 살은 깎여지고 뼈만 남았다 다 가방끈 짧은 덕분이다 이것도 과분한 은총이다.

5.

경 전

길게 말하지 말라!

"세상의 모든 위대한 경전은 짧다"!

보리밭

보리밭에 두 남자가

엎디어 있다

보리를 베느라고

웃통을 벗어젖힌 채

보리밭도 누렇고

사람도 누렇다.

능금

가을 깊어지면

마음

툭!

떨어진다.

내 몸이

능금이다.

가을하늘

아이들이 던진

야구공이

609동 현관 유리창을

와장창! 깨뜨렸다

가을하늘이

우수수! 떨어졌다.

산

아침에 책 읽고

오후에 산에 든다

아침에 산 읽고

오후에 책에 든다

한 권의 책.

만 권의 산.

새와 길

누군가 새가 날아간 허공에
새의 길이 보인다고 했다.

자세히 보라!

새가 날아간 허공에는
아무 흔적도 없다.

길도 없고
새도 없다.

들불

내 손등

군데군데 검버섯

지난날

내 몸 검게 불태웠던

너무 깊어

지울 수 없는

들불의 흔적.

느티나무

늙은 느티나무는

절이다

무심히 밟고 선

제 몸의 잎들

제 몸의 말씀들

이따금 바람에 흩날리는

침묵의 경전들.

봄 밤

반쯤 벙근
매화꽃 봉오리를

찻잔에 띄운다

활짝 피어나며
꽃향기 자욱이 넘치는

봄밤

닫힌 꽃잎
스스로 열게 하는

저 따스함의 힘.

독락당

누가
독락당 내 방문을
두드리다
그냥 간다
나는 못 들은 척
깊은 가을에
젖어 있다
뚜껑이 닫힌
오래된 장독처럼
나는 그가 궁금하고
그는 내가
궁금할 것이다
열리지 않아
서로 알 수 없을 때
가을도 깊고
내일도 있다.

꽁꽁쩡쩡

새노래천

꽁꽁 언 얼음을

아이들이

꽝꽝 구른다

멀리서부터

얼음이 아프다고

쩡쩡 운다.

노 래

팔판마을 새노래천
쉼 없이 지절대는

새노래천

얼어붙은 얼음장 아래서도
쉬지 않고 지절대며

흘러간다

그 노래 뜨거워
얼지 않고

흘러가는 시간도
뜨거워

얼지 않고.

봄 날

벤치에 둔 신문이
바람에 날아간다

저 봄바람
나처럼 너무 심심해서

신문이나 한 줄 읽으시려고
언덕배기까지 가져가신다

접었다 폈다
신문을 읽으실 동안

바람에 기대어
우두커니
앉아 있다.

밭일기 · 3

호박 구덩이 파놓고

봄비 흠뻑 내렸다

어제는 지워 지고

봄 하늘만 가득

담겨 있다.

경남대표시인선 ● 001

귀현리에서 관동리로
고영조 시집

인쇄일 | 2007년 7월 20일
발행일 | 2007년 7월 25일

지은이 | 고 영 조
펴낸이 | 오 하 룡
펴낸곳 | 도서출판 경남
631-430 마산시 서성동 66-18
☎(055) 245-8818~8819
FAX(055)223-4343
http://www.gnbook.com
e - mail:gnbook@empal.com
등록 제2호(1985. 5. 6.)
편집팀 | 오태민 | 심경애 | 구도희

ⓒ 고영조
* 잘못된 책은 바꿔 드립니다.
* 저자와 협의 인지 생략합니다.

ISBN 978-89-7675-427-1-04810
〔값 10,000원〕